화엄경 제70권(입법계품 39-11) 해설

제70권에는 부동우바이의 선법행이 나온다.

선재동자는 깊이 대광왕의 가르침을 생각하며 기쁜 마음으로 부동우바이를 찾아 갔다. 부동우바이는 동녀로서 부모의 보호를 받고 있으면서 그의 친속들에게 묘법을 연설하고 있었다.

선재동자가 부동우바이를 보자마자 그의 빛이 몸에 부딪지며 5백 삼매문에 들어 환희심으로 찬탄하였다.

"守護淸凉戒 脩行廣大忍 精進不退轉 光明照世間"

그때 부동우바이가 부드러운 말로 위안하였다.

"그대가 보리심을 발하여 보살도를 닦고 행하고자 하니 진실로 거룩하도다. 나는 보살난최복지혜장해탈문하고 일체범행등지총지문을 얻었을 뿐이다."

"성자여, 성자께서 얻으신 일체법무피염삼매문에 대해서 설명해 주십시오."

"옛날 옛적 離垢劫 脩臂佛시대에 내가 電授女로 태어나 하늘에서 별을 보다가 천룡팔부에 둘러싸여있는 보산왕여래의 광명을 보고 모든 취착심에서 벗어나 온갖 瞋心과 見에서 벗어나게 되었노라."

하고 삼매에 드니 선재도 똑 같은 삼매를 얻었다.

"보라 선재야. 나는 이렇게 모든 것을 싫어하지 않는 無厭道三昧를 얻었을 뿐이니 남쪽 두살라성에 가서 변행외도를 찾아 보라."

하고 길을 인도하였다.

入法界品 第三十九之一
(입법계품 제삼십구지일)

十一
(십일)

爾時善財童子於喜目觀
(이시선재동자어희목관)

察衆生夜神所聞普喜幢解
(찰중생야신소문보희당해)

脫門信解趣入了知隨順思
(탈문신해취입요지수순사)

惟修習念善知識所有教誨
(유수습념선지식소유교회)

心無暫捨諸根不散一心願
(심무잠사제근불산일심원)

사경의 공덕은 십만억 부처님께 공양한 것과 같은 공덕이 있습니다.

神 신	願 원	海 해	巧 교	善 선	匪 비	得 득
所 소	已 이	於 어	方 방	知 지	懈 해	見 견
時 시	往 왕	無 무	便 편	識 식	願 원	善 선
彼 피	詣 예	量 량	行 행	同 동	常 상	知 지
夜 야	普 보	劫 겁	依 의	一 일	親 친	識 식
神 신	救 구	常 상	善 선	善 선	近 근	普 보
爲 위	衆 중	不 불	知 지	根 근	生 생	於 어
善 선	生 생	遠 원	識 식	得 득	諸 제	十 십
財 재	妙 묘	離 리	入 입	善 선	功 공	方 방
童 동	德 덕	作 작	精 정	知 지	德 덕	勤 근
子 자	夜 야	是 시	進 진	識 식	與 여	求 구

爾 이	已 이	其 기	淸 청	眉 미	力 력	示 시
時 시	入 입	光 광	淨 정	間 간	以 이	現 현
則 즉	善 선	普 보	幢 당	放 방	諸 제	菩 보
得 득	財 재	照 조	無 무	大 대	相 상	薩 살
究 구	頂 정	一 일	量 량	光 광	好 호	調 조
竟 경	充 충	切 체	光 광	明 명	莊 장	伏 복
淸 청	滿 만	世 세	明 명	名 명	嚴 엄	衆 중
淨 정	其 기	間 간	以 이	智 지	其 기	生 생
輪 륜	身 신	照 조	爲 위	燈 등	身 신	解 해
三 삼	善 선	世 세	眷 권	普 보	於 어	脫 탈
昧 매	財 재	間 간	屬 속	照 조	兩 양	神 신

一 일	佛 불	切 체	華 화	以 이	中 중	得 득
切 체	刹 찰	所 소	香 향	火 화	間 간	此 차
地 지	微 미	有 유	瓔 영	塵 진	所 소	三 삼
水 수	塵 진	微 미	珞 락	金 금	有 유	昧 매
火 화	數 수	塵 진	諸 제	剛 강	一 일	已 이
風 풍	世 세	一 일	莊 장	摩 마	切 체	悉 실
諸 제	界 계	一 일	嚴 엄	尼 니	地 지	見 견
大 대	成 성	塵 진	具 구	衆 중	塵 진	二 이
積 적	壞 괴	中 중	如 여	寶 보	水 수	神 신
聚 취	及 급	各 각	是 시	微 미	塵 진	兩 양
亦 역	見 견	見 견	一 일	塵 진	及 급	處 처

切 체	屋 옥	至 지	天 천	池 지	任 임	見 견
住 주	宅 택	摩 마	宮 궁	種 종	持 지	一 일
處 처	地 지	睺 후	殿 전	種 종	而 이	切 체
諸 제	獄 옥	羅 라	龍 용	樹 수	住 주	世 세
趣 취	畜 축	伽 가	宮 궁	林 림	種 종	界 계
輪 륜	生 생	人 인	殿 전	種 종	種 종	接 접
轉 전	閻 염	非 비	夜 야	種 종	山 산	連 연
生 생	羅 라	人 인	叉 차	宮 궁	海 해	皆 개
死 사	王 왕	等 등	宮 궁	殿 전	種 종	以 이
往 왕	界 계	宮 궁	殿 전	所 소	種 종	地 지
來 래	一 일	殿 전	乃 내	謂 위	河 하	輪 륜

사경의 공덕은 십만억 부처님께 공양한 것과 같은 공덕이 있습니다.

隨業受報各各差別靡不悉
(수업수보각각차별미불실)

見又見一切世界差別所謂
(견우견일체세계차별소위)

或有世界雜穢或有世界清
(혹유세계잡예혹유세계청)

淨或有世界趣雜穢或有世
(정혹유세계취잡예혹유세)

界趣清淨或有世界雜穢清
(계취청정혹유세계잡예청)

淨或有世界清淨雜穢或有
(정혹유세계청정잡예혹유)

世界一向清淨或有世界其
(세계일향청정혹유세계기)

生 생	現 현	言 언	切 체	悉 실	如 여	形 형
免 면	其 기	辭 사	時 시	見 견	是 시	平 평
諸 제	前 전	行 행	一 일	此 차	等 등	正 정
苦 고	隨 수	解 해	切 체	普 보	一 일	或 혹
毒 독	宜 의	差 차	處 처	救 구	切 체	有 유
令 령	化 화	別 별	隨 수	衆 중	世 세	覆 부
畜 축	度 도	以 이	諸 제	生 생	界 계	住 주
生 생	令 령	方 방	衆 중	夜 야	一 일	或 혹
衆 중	地 지	便 편	生 생	神 신	切 체	有 유
生 생	獄 옥	力 력	形 형	於 어	趣 취	側 측
不 불	衆 중	普 보	貌 모	一 일	中 중	住 주

사경의 공덕은 십만억 부처님께 공양한 것과 같은 공덕이 있습니다.

知 지	斷 단	大 대	生 생	界 계	渴 갈	相 상
識 식	善 선	衆 중	離 이	衆 중	令 령	食 식
怖 포	根 근	怖 포	暗 암	生 생	諸 제	噉 담
離 이	怖 포	不 불	夜 야	離 이	龍 용	令 령
善 선	退 퇴	活 활	怖 포	欲 욕	等 등	餓 아
知 지	菩 보	怖 포	毁 훼	界 계	離 이	鬼 귀
識 식	提 리	死 사	訾 자	苦 고	一 일	衆 중
怖 포	心 심	怖 포	怖 포	令 령	切 체	生 생
墮 타	怖 포	惡 악	惡 악	人 인	怖 포	無 무
二 이	遇 우	道 도	名 명	趣 취	令 령	有 유
乘 승	惡 악	怖 포	怖 포	衆 중	欲 욕	飢 기

無 무	生 생	等 등	障 장	中 중	同 동	地 지
色 색	卵 난	怖 포	怖 포	受 수	住 주	怖 포
有 유	生 생	悉 실	執 집	生 생	怖 포	種 종
想 상	胎 태	令 령	着 착	怖 포	惡 악	種 종
無 무	生 생	捨 사	諸 제	造 조	時 시	生 생
想 상	濕 습	離 리	想 상	惡 악	受 수	死 사
非 비	生 생	又 우	繫 계	業 업	生 생	怖 포
有 유	化 화	見 견	縛 박	怖 포	怖 포	異 이
想 상	生 생	一 일	怖 포	業 업	惡 악	類 류
非 비	有 유	切 체	如 여	煩 번	種 종	衆 중
無 무	色 색	衆 중	是 시	惱 뇌	族 족	生 생

量 량	無 무	菩 보	故 고	三 삼	就 취	想 상
喜 희	礙 애	薩 살	出 출	昧 매	菩 보	普 보
樂 락	大 대	大 대	生 생	力 력	薩 살	現 현
故 고	慈 자	悲 비	普 보	故 고	大 대	其 기
得 득	故 고	海 해	賢 현	堅 견	願 원	前 전
普 보	得 득	故 고	行 행	固 고	力 력	常 상
攝 섭	普 보	得 득	願 원	菩 보	故 고	勤 근
一 일	與 여	普 보	力 력	薩 살	深 심	救 구
切 체	衆 중	覆 부	故 고	神 신	入 입	護 호
衆 중	生 생	衆 중	增 증	通 통	菩 보	爲 위
生 생	無 무	生 생	廣 광	力 력	薩 살	成 성

智慧方便故得菩薩廣大解
지혜방편고득보살광대해

脫自在神通故嚴淨一切佛
탈자재신통고엄정일체불

刹故覺了一切諸法故供養
찰고각료일체제법고공양

一切諸佛故受持一切佛教
일체제불고수지일체불교

故積集一切善根修一切妙
고적집일체선근수일체묘

行故入一切衆生心海而無
행고입일체중생심해이무

障礙故知一切衆生諸根教
장애고지일체중생제근교

사경의 공덕은 십만억 부처님께 공양한 것과 같은 공덕이 있습니다.

化成熟故淨一切衆生信解
화성숙고정일체중생신해

除其惡障故破一切衆生無
제기악장고파일체중생무

知黑暗故令得一切智淸淨
지흑암고령득일체지청정

光明故
광명고

時善財童子見此夜神如
시선재동자견차야신여

是神力不可思議甚深境界
시신력불가사의심심경계

普現調伏一切衆生菩薩解
보현조복일체중생보살해

脫已歡喜無量頭面作禮一
心瞻仰時彼夜神卽捨菩薩
莊嚴之相還復本形而不捨
其自在神力爾時善財童子
恭敬合掌却住一面以偈讚
曰
我善財得見
如是大神力

一 일	一 일	種 종	所 소	譬 비	我 아	其 기
一 일	一 일	種 종	放 방	如 여	見 견	心 심
光 광	毛 모	微 미	殊 수	空 공	尊 존	生 생
明 명	孔 공	妙 묘	勝 승	中 중	妙 묘	歡 환
端 단	放 방	色 색	光 광	星 성	身 신	喜 희

皆 개	衆 중	普 보	無 무	一 일	衆 중	說 설
出 출	生 생	照 조	量 량	切 체	相 상	偈 게
寶 보	心 심	於 어	剎 찰	悉 실	以 이	而 이
蓮 연	數 수	十 시	塵 진	嚴 엄	莊 장	讚 찬
華 화	光 광	方 방	數 수	淨 정	嚴 엄	歎 탄

華中出化身 (화중출화신)
光中出妙香 (광중출묘향)
復雨種種華 (부우종종화)
雨眉放妙光 (양미방묘광)
普觸諸含識 (보촉제함식)
口放淸淨光 (구방청정광)
普照於廣大 (보조어광대)

能滅衆生苦 (능멸중생고)
普熏於衆生 (보훈어중생)
供養一切佛 (공양일체불)
量與須彌等 (양여수미등)
令滅愚癡暗 (령멸우치암)
譬如無量日 (비여무량일)
毘盧舍那境 (비로사나경)

眼放清淨光 안방청정광
普照十方刹 보조시방찰
現化種種身 현화종종신
充滿十方界 충만시방계
妙身遍十方 묘신변시방
滅除水火賊 멸제수화적
我承喜目教 아승희목교

譬如無量月 비여무량월
悉滅癡翳生 실멸치예생
相狀等衆生 상상등중생
度脫三有海 도탈삼유해
普現衆生前 보현중생전
王等一切怖 왕등일체포
今得詣尊所 금득예존소

見尊眉間相 (견존미간상)
普照十方海 (보조시방해)
顯現神通力 (현현신통력)
我遇圓滿光 (아우원만광)
得總持三昧 (득총지삼매)
我於所經處 (아어소경처)
一一微塵中 (일일미진중)

放大淸淨光 (방대청정광)
悉滅一切暗 (실멸일체암)
而來入我身 (이래입아신)
心生大歡喜 (심생대환희)
普見十方佛 (보견시방불)
悉見諸微塵 (실견제미진)
各見塵數刹 (각견진수찰)

或有無量刹 혹유무량찰
衆生受諸苦 중생수제고
或有染淨刹 혹유염정찰
示現三乘像 시현삼승상
或有淨染刹 혹유정염찰
菩薩常充滿 보살상충만
一一微塵中 일일미진중

一切咸濁穢 일체함탁예
常悲歎號泣 상비탄호읍
少樂多憂苦 소락다우고
往彼而救度 왕피이구도
衆生所樂見 중생소락견
住持諸佛法 주지제불법
無量淨刹海 무량정찰해

毘盧遮那佛 비로자나불
佛於一切剎 불어일체에
成道轉法輪 성도전법륜
我見普救天 아견보구천
一切諸佛所 일체제불소

爾時善財童子說此頌已 이시선재동자설차송이
白普救衆生妙德夜神言天 백보구중생묘덕야신언천

往劫所嚴淨 왕겁소엄정
悉坐菩提樹 실좌보리수
度脫諸群生 도탈제군생
於彼無量剎 어피무량찰
普皆往供養 보개왕공양

神今此解脫甚深希有其名
신금차해탈심심희유기명
何等得此解脫其已久如修
하등득차해탈기이구여수
何等行而得清淨夜神言善
하등행이득청정야신언선
男子是處難知諸天及人一
남자시처난지제천급인일
切二乘所不能測何以故此
체이승소불능측하이고차
是住普賢菩薩行者境界故
시주보현보살행자경계고
住大悲藏者境界故救護一
주대비장자경계고구호일

於 어	行 행	境 경	境 경	切 체	三 삼	切 체
一 일	成 성	界 계	界 계	佛 불	惡 악	衆 중
切 체	滿 만	故 고	故 고	刹 찰	八 팔	生 생
法 법	大 대	能 능	能 능	中 중	難 난	者 자
界 계	願 원	於 어	住 주	紹 소	者 자	境 경
海 해	海 해	一 일	持 지	隆 륭	境 경	界 계
以 이	者 자	切 체	一 일	佛 불	界 계	故 고
清 청	境 경	劫 겁	切 체	種 종	故 고	能 능
淨 정	界 계	修 수	佛 불	不 부	能 능	淨 정
智 지	故 고	菩 보	法 법	斷 단	於 어	一 일
光 광	能 능	薩 살	者 자	者 자	一 일	切 체

遮 자	劫 겁	世 세	力 력	世 세	一 일	滅 멸
那 나	名 명	過 과	今 금	方 방	念 념	無 무
大 대	圓 원	佛 불	爲 위	便 편	智 지	明 명
威 위	滿 만	刹 찰	汝 여	海 해	慧 혜	暗 암
德 덕	淸 청	微 미	說 설	者 자	光 광	障 장
有 유	淨 정	塵 진	善 선	境 경	明 명	者 자
須 수	世 세	數 수	男 남	界 계	普 보	境 경
彌 미	界 계	劫 겁	子 자	故 고	照 조	界 계
山 산	名 명	爾 이	乃 내	我 아	一 일	故 고
微 미	毘 비	時 시	往 왕	承 승	切 체	能 능
塵 진	盧 로	有 유	古 고	佛 불	三 삼	以 이

사경의 공덕은 십만억 부처님께 공양한 것과 같은 공덕이 있습니다.

十 십	莊 장	切 체	海 해	寶 보	以 이	數 수
萬 만	嚴 엄	嚴 엄	上 상	莊 장	一 일	如 여
億 억	摩 마	具 구	其 기	嚴 엄	切 체	來 래
那 나	尼 니	帳 장	形 형	住 주	香 향	於 어
由 유	輪 륜	雲 운	正 정	無 무	王 왕	中 중
他 타	山 산	而 이	圓 원	垢 구	摩 마	出 출
四 사	千 천	覆 부	淨 정	光 광	尼 니	現 현
天 천	匝 잡	其 기	穢 예	明 명	寶 보	其 기
下 하	圍 위	上 상	合 합	摩 마	爲 위	佛 불
皆 개	遶 요	一 일	成 성	尼 니	體 체	世 세
妙 묘	有 유	切 체	一 일	王 왕	衆 중	界 계

사경의 공덕은 십만억 부처님께 공양한 것과 같은 공덕이 있습니다.

사경의 공덕은 십만억 부처님께 공양한 것과 같은 공덕이 있습니다.

清청 淨정 飮음 食식 豊풍 足족 不부 藉자 耕경 耘운 而이
生생 滔도 粱량 宮궁 殿전 樓누 閣각 悉실 皆개 奇기 妙묘
諸제 如여 意의 樹수 處처 處처 行항 列렬 種종 種종 香향
樹수 恒항 出출 香향 雲운 種종 種종 蔓만 樹수 恒항 出출
蔓만 雲운 種종 種종 華화 樹수 常상 雨우 妙묘 華화 種종
種종 寶보 樹수 出출 諸제 奇기 寶보 無무 量량 色색 光광
周주 匝잡 照조 耀요 諸제 音음 樂악 樹수 出출 諸제 音음

樂隨風吹動演妙音聲日月
악수풍취동연묘음성일월

光明摩尼寶王普照一切晝
광명마니보왕보조일체주

夜受樂無時間斷此四天下
야수락무시간단차사천하

有百萬億那由他諸王國土
유백만억나유타제왕국토

一一國土有千大河周匝圍
일일국토유천대하주잡위

遶一一皆以妙華覆上隨流
요일일개이묘화부상수류

漂動出天樂音一切寶樹列
표동출천악음일체보수열

사경의 공덕은 십만억 부처님께 공양한 것과 같은 공덕이 있습니다.

遶 요	那 나	城 성	萬 만	間 간	舟 주	植 식
此 차	由 유	邑 읍	億 억	有 유	船 선	其 기
四 사	他 타	聚 취	那 나	百 백	來 내	岸 안
天 천	龍 용	落 락	由 유	萬 만	往 왕	種 종
下 하	宮 궁	各 각	他 타	億 억	稱 칭	種 종
閻 염	殿 전	有 유	聚 취	城 성	情 정	珍 진
浮 부	園 원	無 무	落 락	一 일	戲 희	奇 기
提 제	林 림	量 량	如 여	一 일	樂 락	以 이
內 내	周 주	百 백	是 시	城 성	一 일	爲 위
有 유	匝 잡	千 천	一 일	有 유	一 일	嚴 엄
一 일	圍 위	億 억	切 체	百 백	河 하	飾 식

사경의 공덕은 십만억 부처님께 공양한 것과 같은 공덕이 있습니다.

有 유	妙 묘	色 색	端 단	種 종	由 유	正 정
正 정	香 향	常 상	正 정	善 선	他 타	勇 용
妃 비	良 양	放 방	殊 수	根 근	宮 궁	健 건
名 명	臣 신	光 광	妙 묘	同 동	人 인	能 능
圓 원	猛 맹	明 명	猶 유	修 수	婇 채	伏 복
滿 만	將 장	諸 제	如 여	諸 제	女 녀	怨 원
面 면	具 구	毛 모	天 천	行 행	皆 개	敵 적
是 시	足 족	孔 공	女 녀	同 동	悉 실	百 백
王 왕	十 십	中 중	身 신	時 시	女 여	萬 만
女 녀	億 억	恒 항	眞 진	誕 탄	王 왕	億 억
寶 보	王 왕	出 출	金 금	生 생	同 동	那 나

사경의 공덕은 십만억 부처님께 공양한 것과 같은 공덕이 있습니다.

定 정	爾 이	相 상	普 보	光 광	青 청	端 단
而 이	時 시	殊 수	智 지	明 명	言 언	正 정
中 중	衆 중	美 미	焰 염	照 조	同 동	殊 수
夭 요	生 생	衆 중	妙 묘	千 천	梵 범	特 특
者 자	壽 수	生 생	德 덕	由 유	音 음	皮 피
種 종	命 명	見 견	眼 안	旬 순	身 신	膚 부
種 종	無 무	者 자	形 형	其 기	有 유	金 금
形 형	量 량	情 정	體 체	有 유	天 천	色 색
色 색	或 혹	無 무	端 단	一 일	香 향	目 목
種 종	有 유	厭 염	嚴 엄	女 녀	常 상	髮 발
種 종	不 부	足 족	色 색	名 명	放 방	紺 감

사경의 공덕은 십만억 부처님께 공양한 것과 같은 공덕이 있습니다.

樹名普光法雲音幢以念念
出現一切如來道場莊嚴堅
固摩尼王以爲其根一切摩
尼以爲其幹衆雜妙寶以爲
其葉次第分布幷相稱可四
方上下圓滿莊嚴放寶光明
出妙音聲說一切如來甚深

수명보광법운음당이념념
출현일체여래도량장엄견
고마니왕이위기근일체마
니이위기간중잡묘보이위
기엽차제분포병상칭가사
방상하원만장엄방보광명
출묘음성설일체여래심심

사경의 공덕은 십만억 부처님께 공양한 것과 같은 공덕이 있습니다.

境界於彼樹前有一香池名
경계어피수전유일향지명

寶華光明演法雷音妙寶爲
보화광명연법뇌음묘보위

岸百萬億那由他寶樹圍遶
안백만억나유타보수위요

一一樹形如菩提樹衆寶瓔
일일수형여보리수중보영

珞周匝垂下無量樓閣皆寶
락주잡수하무량누각개보

所成周徧道場以爲嚴飾彼
소성주변도량이위엄식피

香池內出大蓮華名普現三
향지내출대연화명보현삼

成 성	正 정	三 삼	於 어	第 제	彌 미	世 세
佛 불	法 법	藐 먁	此 차	一 일	山 산	一 일
時 시	成 성	三 삼	華 화	佛 불	微 미	切 체
十 십	熟 숙	菩 보	上 상	名 명	塵 진	如 여
千 천	衆 중	提 리	最 최	普 보	數 수	來 래
年 년	生 생	無 무	初 초	智 지	佛 불	莊 장
前 전	其 기	量 량	得 득	寶 보	於 어	嚴 엄
此 차	彼 피	千 천	阿 아	焰 염	中 중	境 경
大 대	如 여	歲 세	耨 녹	妙 묘	出 출	界 계
蓮 연	來 래	演 연	多 다	德 덕	現 현	雲 운
華 화	未 미	說 설	羅 라	幢 당	其 기	須 수

放淨光明名現諸神通成熟
방정광명명현제신통성숙
衆生若有衆生遇斯光者心
중생약유중생우사광자심
自開悟無所不了知十千年
자개오무소불료지십천년
後佛當出現九千年前放淨
후불당출현구천년전방정
光明名一切衆生離垢燈若
광명명일체중생이구등약
有衆生遇斯光者得淸淨眼
유중생우사광자득청정안
見一切色知九千年後佛當
견일체색지구천년후불당

사경의 공덕은 십만억 부처님께 공양한 것과 같은 공덕이 있습니다.

一 일	善 선	千 천	報 보	遇 우	一 일	出 출
切 체	根 근	年 년	知 지	斯 사	切 체	現 현
諸 제	音 음	前 전	八 팔	光 광	衆 중	八 팔
根 근	若 약	放 방	千 천	者 자	生 생	千 천
悉 실	有 유	大 대	年 년	悉 실	業 업	年 년
得 득	衆 중	光 광	後 후	得 득	果 과	前 전
圓 원	生 생	明 명	佛 불	自 자	音 음	放 방
滿 만	遇 우	名 명	當 당	知 지	若 약	大 대
知 지	斯 사	生 생	出 출	諸 제	有 유	光 광
七 칠	光 광	一 일	現 현	業 업	衆 중	明 명
千 천	者 자	切 체	七 칠	果 과	生 생	名 명

生 생	名 명	當 당	大 대	若 약	大 대	年 년
遇 우	嚴 엄	出 출	普 보	有 유	光 광	後 후
斯 사	淨 정	現 현	得 득	衆 중	明 명	佛 불
光 광	一 일	五 오	自 자	生 생	名 명	當 당
者 자	切 체	千 천	在 재	遇 우	佛 불	出 출
悉 실	佛 불	年 년	知 지	斯 사	不 부	現 현
見 견	刹 찰	前 전	六 육	光 광	思 사	六 육
一 일	音 음	放 방	千 천	者 자	議 의	千 천
切 체	若 약	大 대	年 년	其 기	境 경	年 년
淸 청	有 유	光 광	後 후	心 심	界 계	前 전
淨 정	衆 중	明 명	佛 불	廣 광	音 음	放 방

사경의 공덕은 십만억 부처님께 공양한 것과 같은 공덕이 있습니다.

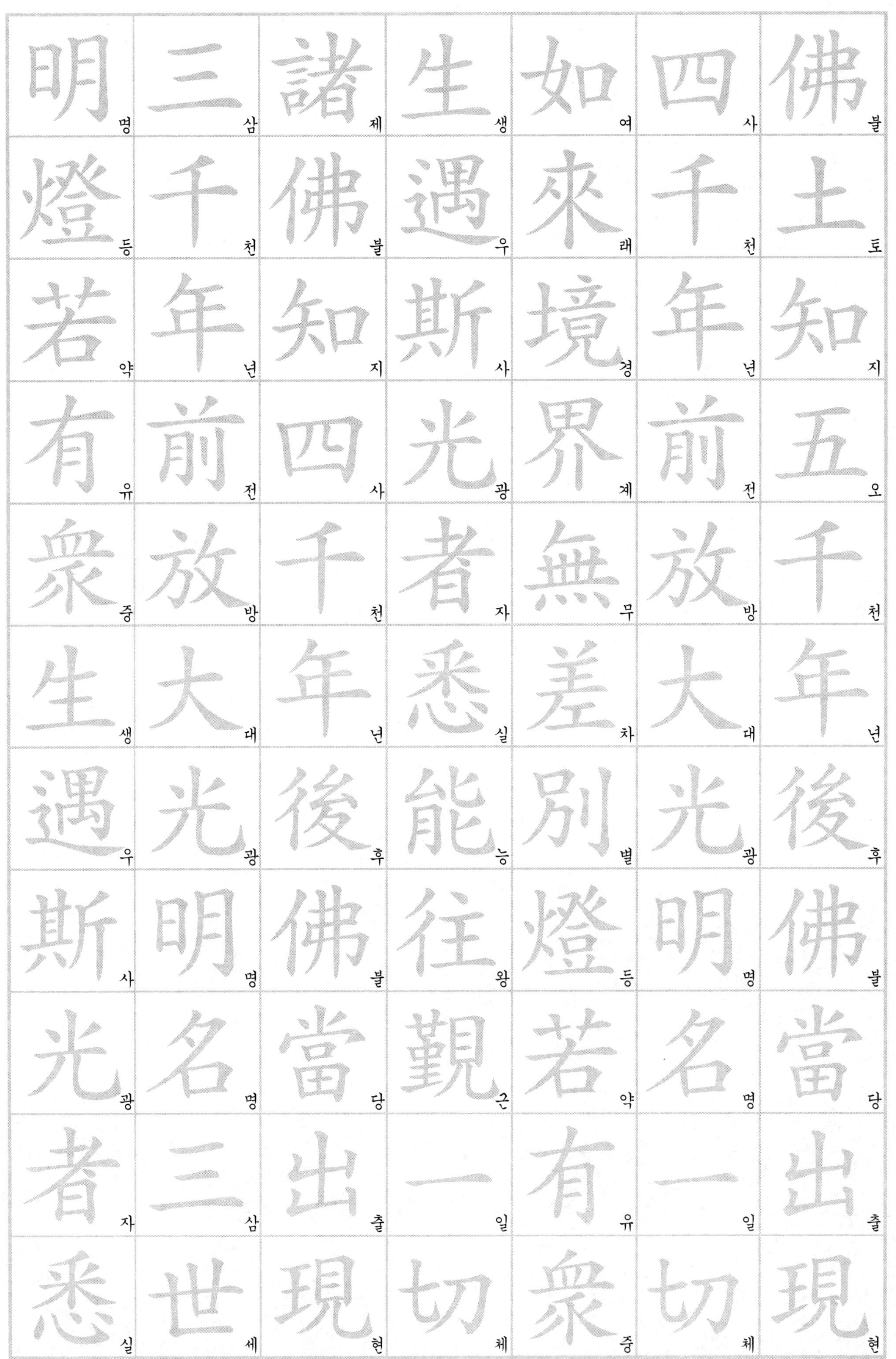
佛土知五千年後佛當出現
四千年前放大光明名一切
如來境界無差別燈若有衆
生遇斯光者悉能往覲一切
諸佛知四千年後佛當出現
三千年前放大光明名三世
明燈若有衆生遇斯光者悉

사경의 공덕은 십만억 부처님께 공양한 것과 같은 공덕이 있습니다.

能(능)現(현)見(견)一(일)切(체)如(여)來(래)諸(제)本(본)事(사)海(해)
知(지)三(삼)千(천)年(년)後(후)佛(불)當(당)出(출)現(현)二(이)千(천)
年(년)前(전)放(방)大(대)光(광)明(명)名(명)如(여)來(래)離(이)翳(예)
智(지)慧(혜)燈(등)若(약)有(유)衆(중)生(생)遇(우)斯(사)光(광)者(자)
則(즉)得(득)普(보)眼(안)見(견)一(일)切(체)如(여)來(래)神(신)變(변)
一(일)切(체)諸(제)佛(불)國(국)土(토)一(일)切(체)世(세)界(계)衆(중)
生(생)知(지)二(이)千(천)年(년)後(후)佛(불)當(당)出(출)現(현)一(일)

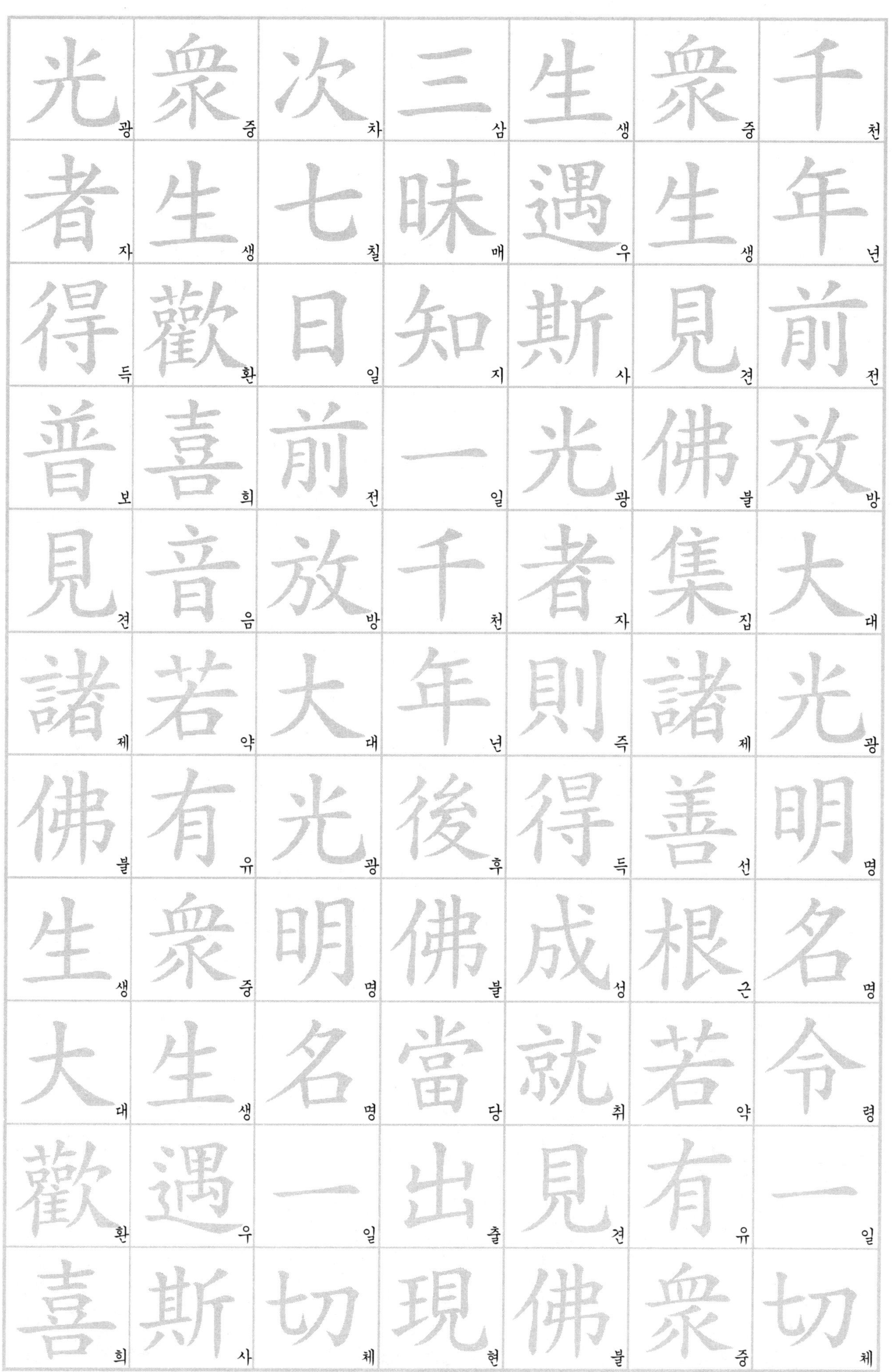

千年前放大光明名令一切
衆生見佛集諸善根若有衆
生遇斯光者則得成就見佛
三昧知一千年後佛當出現
次七日前放大光明名一切
衆生歡喜音若有衆生遇斯
光者得普見諸佛生大歡喜

一 일	者 자	若 약	淨 정	無 무	已 이	知 지
切 체	咸 함	有 유	佛 불	染 염	一 일	七 칠
輪 륜	詣 예	衆 중	刹 찰	念 념	切 체	日 일
圍 위	道 도	生 생	亦 역	念 념	世 세	後 후
一 일	場 장	根 근	現 현	普 보	界 계	佛 불
切 체	爾 이	性 성	彼 피	現 현	悉 실	當 당
須 수	時 시	淳 순	刹 찰	十 십	皆 개	出 출
彌 미	彼 피	熟 숙	種 종	方 방	震 진	現 현
一 일	世 세	應 응	種 종	一 일	動 동	滿 만
切 체	界 계	見 견	莊 장	切 체	純 순	七 칠
諸 제	中 중	佛 불	嚴 엄	淸 청	淨 정	日 일

사경의 공덕은 십만억 부처님께 공양한 것과 같은 공덕이 있습니다.

山一切大海一切地一切城 (산일체대해일체지일체성)
一切垣墻一切宮殿一切音 (일체원장일체궁전일체음)
樂一切語言皆出音聲讚說 (악일체어언개출음성찬설)
一切諸佛如來神力境界又 (일체제불여래신력경계우)
出一切香雲一切燒香雲一 (출일체향운일체소향운일)
切末香雲一切香摩尼形像 (체말향운일체향마니형상)
雲一切寶焰雲一切焰藏雲 (운일체보염운일체염장운)

一切摩尼衣雲一切瓔珞雲
일체마니의운일체영락운

一切妙華雲一切如來光明
일체묘화운일체여래광명

雲一切如來圓光雲一切音
운일체여래원광운일체음

樂雲一切如來願聲雲一切
악운일체여래원성운일체

如來言音海雲一切如來相
여래언음해운일체여래상

好雲顯示如來出現世間不
호운현시여래출현세간부

思議相善男子此普照三世
사의상선남자차보조삼세

一切如來莊嚴境界大寶蓮
일체여래장엄경계대보연
華王有十佛刹微塵數蓮華
화왕유십불찰미진수연화
周匝圍遶諸蓮華內悉有摩
주잡위요제연화내실유마
尼寶藏師子之座一一座上
니보장사자지좌일일좌상
皆有菩薩結跏趺坐善男子
개유보살결가부좌선남자
彼普智寶焰妙德幢王如來
피보지보염묘덕당왕여래
於此成阿耨多羅三藐三菩
어차성아녹다라삼먁삼보

提時卽於十方一切世界中
리시즉어십방일체세계중

成阿耨多羅三藐三菩提隨
성아뇩다라삼먁삼보리수

衆生心悉現其前爲轉法輪
중생심실현기전위전법륜

於一一世界令無量衆生離
어일일세계령무량중생이

惡道苦令無量衆生得生天
악도고령무량중생득생천

中令無量衆生住於聲聞辟
중령무량중생주어성문벽

支佛地令無量衆生成就出
지불지령무량중생성취출

사경의 공덕은 십만억 부처님께 공양한 것과 같은 공덕이 있습니다.

離菩提之行令無量衆生成就勇猛幢菩提之行令無量衆生成就法光明菩提之行令無量衆生成就清淨根菩提之行令無量衆生成就平等力菩提之行令無量衆生成就入法城菩提之行令無

리보리지행령무량중생성취용맹당보리지행령무량중생성취법광명보리지행령무량중생성취청정근보리지행령무량중생성취평등력보리지행령무량중생성취입법성보리지행령무

行 행	就 취	門 문	之 지	量 량	可 가	量 량
令 령	緣 연	菩 보	行 행	衆 중	壞 괴	衆 중
無 무	一 일	提 리	令 령	生 생	神 신	生 생
量 량	切 체	之 지	無 무	入 입	通 통	成 성
衆 중	淸 청	行 행	量 량	普 보	力 력	就 취
生 생	淨 정	令 령	衆 중	門 문	菩 보	徧 변
發 발	境 경	無 무	生 생	方 방	提 리	至 지
菩 보	界 계	量 량	安 안	便 편	之 지	一 일
提 리	菩 보	衆 중	住 주	道 도	行 행	切 체
心 심	提 리	生 생	三 삼	菩 보	令 령	處 처
令 령	之 지	成 성	昧 매	提 리	無 무	不 불

賢 현	勝 승	地 지	量 량	無 무	衆 중	無 무
淸 청	行 행	令 령	衆 중	量 량	生 생	量 량
淨 정	願 원	無 무	生 생	衆 중	安 안	衆 중
行 행	令 령	量 량	住 주	生 생	住 주	生 생
願 원	無 무	衆 중	菩 보	住 주	淸 청	住 주
善 선	量 량	生 생	薩 살	菩 보	淨 정	菩 보
男 남	衆 중	入 입	二 이	薩 살	波 바	薩 살
子 자	生 생	於 어	地 지	初 초	羅 라	道 도
彼 피	安 안	菩 보	乃 내	地 지	蜜 밀	令 령
普 보	住 주	薩 살	至 지	令 령	道 도	無 무
智 지	普 보	殊 수	十 십	無 무	令 령	量 량

寶焰妙德幢如來現如是不
보염묘덕당여래현여시부

思議自在神力轉法輪時於
사의자재신력전법륜시어

彼一一諸世界中隨其所應
피일일제세계중수기소응

念念調伏無量衆生
념념조복무량중생

時普賢菩薩知寶華燈王
시보현보살지보화등왕

城中衆生自恃色貌及諸境
성중중생자시색모급제경

界而生憍慢陵蔑他人化現
계이생교만능멸타인화현

此 차	閻 염	日 일	等 등	及 급	大 대	妙 묘
爲 위	浮 부	出 출	一 일	諸 제	光 광	身 신
是 시	金 금	衆 중	切 체	妙 묘	明 명	端 단
誰 수	時 시	景 경	光 광	寶 보	普 보	正 정
爲 위	諸 제	奪 탈	明 명	日 일	照 조	殊 수
天 천	衆 중	耀 요	悉 실	月 월	一 일	特 특
爲 위	生 생	亦 역	皆 개	星 성	切 체	往 왕
梵 범	咸 함	如 여	不 불	宿 숙	令 령	詣 예
今 금	作 작	聚 취	現 현	衆 중	彼 피	彼 피
放 방	是 시	墨 묵	譬 비	生 생	聖 성	城 성
此 차	言 언	對 대	如 여	身 신	王 왕	放 방

사경의 공덕은 십만억 부처님께 공양한 것과 같은 공덕이 있습니다.

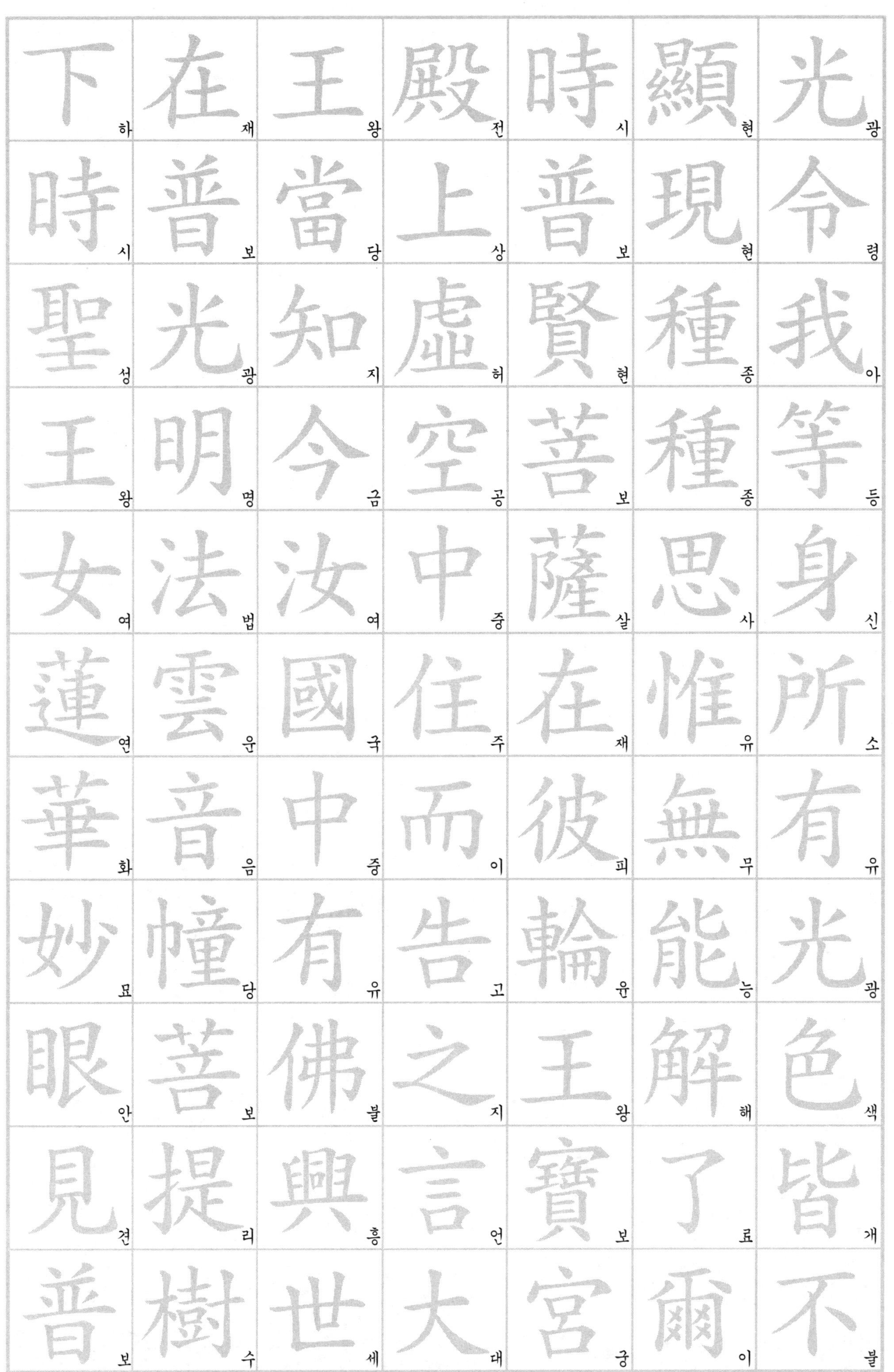

光令我等身所有光色皆不
顯現種種思惟無能解了爾
時普賢菩薩在彼輪王寶宮
殿上虛空中住而告之言大
王當知今汝國中有佛興世
在普光明法雲音幢菩提樹
下時聖王女蓮華妙眼見普

賢菩薩所現色身光明自在
及聞身上諸莊嚴具所出妙
音心生歡喜作如是念願我
所有一切善根得如是身如
是莊嚴如是相好如是威儀
如是自在今此大聖能於衆
生生死長夜黑暗之中放大

사경의 공덕은 십만억 부처님께 공양한 것과 같은 공덕이 있습니다.

사경의 공덕은 십만억 부처님께 공양한 것과 같은 공덕이 있습니다.

無무 量량 人인 民민 前전 後후 圍위 遶요 以이 王왕 神신
力력 俱구 昇승 虛허 空공 高고 一일 由유 旬순 放방 大대
光광 明명 照조 四사 天천 下하 普보 使사 一일 切체 咸함
得득 瞻첨 仰앙 欲욕 令령 衆중 生생 俱구 往왕 見견 佛불
以이 偈게 讚찬 曰왈

如여 來래 出출 世세 間간
普보 救구 諸제 群군 生생

汝여 等등 應응 速속 起기
往왕 詣예 導도 師사 所소

頭 두	爲 위	無 무	輪 륜	佛 불	演 연	無 무
目 목	欲 욕	數 수	迴 회	觀 관	說 설	量 량
手 수	度 도	億 억	生 생	諸 제	深 심	無 무
足 족	衆 중	千 천	死 사	世 세	妙 묘	數 수
等 등	生 생	劫 겁	苦 고	間 간	法 법	劫 겁
一 일	斯 사	修 수	而 이	顚 전	饒 요	乃 내
切 체	由 유	習 습	起 기	倒 도	益 익	有 유
悉 실	大 대	菩 보	大 대	常 상	一 일	佛 불
能 능	悲 비	提 리	悲 비	癡 치	切 체	興 흥
捨 사	力 력	行 행	心 심	惑 혹	衆 중	世 세

種 종	瞻 첨	坐 좌	今 금	見 견	無 무	爲 위
種 종	仰 앙	於 어	當 당	聞 문	量 량	求 구
微 미	如 여	如 여	共 공	若 약	億 억	菩 보
妙 묘	來 래	來 래	汝 여	承 승	千 천	提 리
色 색	身 신	座 좌	等 등	事 사	劫 겁	故 고
除 제	放 방	降 항	往 왕	一 일	導 도	如 여
滅 멸	演 연	魔 마	觀 관	切 체	師 사	是 시
一 일	無 무	成 성	調 조	無 무	難 난	無 무
切 체	量 량	正 정	御 어	空 공	可 가	量 량
暗 암	光 광	覺 각	尊 존	過 과	遇 우	劫 겁

一一毛孔中 放光不思議
일일모공중 방광부사의

普照諸群生 咸令大歡喜
보조제군생 함령대환희

汝等咸應發 廣大精進心
여등함응발 광대정진심

詣彼如來所 恭敬而供養
예피여래소 공경이공양

爾時轉輪聖王說偈讚佛
이시전륜성왕설게찬불

開悟一切衆生已從輪王善
개오일체중생이종륜왕선

根出十千種大供養雲往詣
근출십천종대공양운왕예

徧 변	切 체	一 일	雲 운	雲 운	蓋 개	道 도
嚴 엄	諸 제	切 체	一 일	一 일	雲 운	場 장
飾 식	莊 장	宮 궁	切 체	切 체	一 일	向 향
到 도	嚴 엄	殿 전	寶 보	寶 보	切 체	如 여
已 이	具 구	雲 운	座 좌	鈴 령	華 화	來 래
頂 정	雲 운	一 일	雲 운	網 망	帳 장	所 소
禮 례	於 어	切 체	一 일	雲 운	雲 운	所 소
普 보	虛 허	妙 묘	切 체	一 일	一 일	謂 위
智 지	空 공	華 화	寶 보	切 체	切 체	一 일
寶 보	中 중	雲 운	幢 당	香 향	寶 보	切 체
焰 염	周 주	一 일	雲 운	海 해	衣 의	寶 보

王 왕	空 공	具 구	焰 염	寶 보	千 천	妙 묘
執 집	中 중	持 지	妙 묘	蓮 연	匝 잡	德 덕
持 지	變 변	以 이	德 덕	華 화	卽 즉	幢 당
一 일	成 성	散 산	眼 안	座 좌	於 어	王 왕
切 체	寶 보	佛 불	卽 즉	時 시	佛 불	如 여
宮 궁	蓋 개	時 시	解 해	轉 전	前 전	來 래
殿 전	寶 보	莊 장	身 신	輪 륜	坐 좌	足 족
於 어	網 망	嚴 엄	上 상	王 왕	普 보	遶 요
中 중	垂 수	具 구	諸 제	女 녀	照 조	無 무
間 간	下 하	於 어	莊 장	普 보	十 십	量 량
列 열	龍 용	虛 허	嚴 엄	智 지	方 방	百 백

사경의 공덕은 십만억 부처님께 공양한 것과 같은 공덕이 있습니다.

有 유	嚴 엄	普 보	此 차	寶 보	閣 각	十 십
不 불	毘 비	覆 부	蓋 개	樹 수	內 내	種 종
可 가	盧 로	法 법	中 중	香 향	外 외	寶 보
說 설	遮 자	界 계	有 유	海 해	淸 청	蓋 개
佛 불	那 나	念 념	菩 보	摩 마	淨 정	周 주
刹 찰	如 여	念 념	提 리	尼 니	諸 제	匝 잡
微 미	來 래	示 시	樹 수	以 이	瓔 영	圍 위
塵 진	坐 좌	現 현	枝 지	爲 위	珞 락	遶 요
數 수	此 차	無 무	葉 엽	莊 장	雲 운	形 형
菩 보	樹 수	量 량	榮 영	嚴 엄	及 급	如 여
薩 살	下 하	莊 장	茂 무	於 어	諸 제	樓 누

亦 역	世 세	第 제	自 자	有 유	生 생	前 전
見 견	界 계	世 세	在 재	一 일	住 주	後 후
彼 피	一 일	界 계	神 신	切 체	諸 제	圍 위
一 일	切 체	成 성	力 력	諸 제	菩 보	遶 요
切 체	諸 제	壞 괴	又 우	世 세	薩 살	皆 개
世 세	佛 불	又 우	見 견	間 간	無 무	從 종
界 계	出 출	亦 역	一 일	主 주	差 차	普 보
一 일	興 흥	見 견	切 체	亦 역	別 별	賢 현
一 일	次 차	彼 피	諸 제	見 견	住 주	行 행
皆 개	第 제	一 일	劫 겁	如 여	亦 역	願 원
有 유	又 우	切 체	次 차	來 래	見 견	出 출

普賢菩薩供養於佛調伏衆 (보현보살공양어불조복중)
生又亦見彼一切菩薩莫不 (생우역견피일체보살막불)
皆在普賢身中亦見自身在 (개재보현신중역견자신재)
其身內亦見其身在一切如 (기신내역견기신재일체여)
來前一切普賢前一切菩薩 (래전일체보현전일체보살)
前一切衆生前又亦見彼一 (전일체중생전우역견피일)
切世界一一各有佛刹微塵 (체세계일일각유불찰미진)

種 종	處 처	種 종	莊 장	布 포	種 종	數 수
種 종	種 종	種 종	嚴 엄	種 종	種 종	世 세
住 주	種 종	佛 불	雲 운	種 종	形 현	界 계
虛 허	住 주	興 흥	而 이	莊 장	狀 상	種 종
空 공	法 법	種 종	覆 부	嚴 엄	種 종	種 종
種 종	界 계	種 종	其 기	種 종	種 종	際 제
種 종	種 종	三 삼	上 상	種 종	體 체	畔 반
如 여	種 종	世 세	種 종	淸 청	性 성	種 종
來 래	入 입	種 종	種 종	淨 정	種 종	種 종
菩 보	法 법	種 종	劫 겁	種 종	種 종	任 임
提 리	界 계	方 방	名 명	種 종	安 안	持 지

사경의 공덕은 십만억 부처님께 공양한 것과 같은 공덕이 있습니다.

사경의 공덕은 십만억 부처님께 공양한 것과 같은 공덕이 있습니다.

普智寶焰妙德幢王如來
보지보염묘덕당왕여래

爲說修多羅名一切如來轉
위설수다라명일체여래전

法輪十佛刹微塵數修多羅
법륜십불찰미진수수다라

而爲眷屬時彼女人聞此經
이위권속시피녀인문차경

已則得成就十千三昧問其
이즉득성취십천삼매문기

心柔軟無有麤彊如初受胎
심유연무유추강여초수태

如始誕生如娑羅樹初始生
여시탄생여사라수초시생

切 체	令 령	佛 불	說 설	刹 찰	現 현	芽 아
衆 중	出 출	願 원	一 일	三 삼	見 견	彼 피
生 생	生 생	海 해	切 체	昧 매	一 일	三 삼
暗 암	死 사	三 삼	佛 불	入 입	切 체	昧 매
三 삼	苦 고	昧 매	法 법	一 일	佛 불	心 심
昧 매	三 삼	開 개	輪 륜	切 체	三 삼	亦 역
常 상	昧 매	悟 오	三 삼	三 삼	昧 매	復 부
願 원	常 상	一 일	昧 매	世 세	普 보	如 여
滅	願 원	切 체	知 지	門 문	照 조	是 시
一 일	破 파	衆 중	一 일	三 삼	一 일	所 소
切 체	一 일	生 생	切 체	昧 매	切 체	謂 위

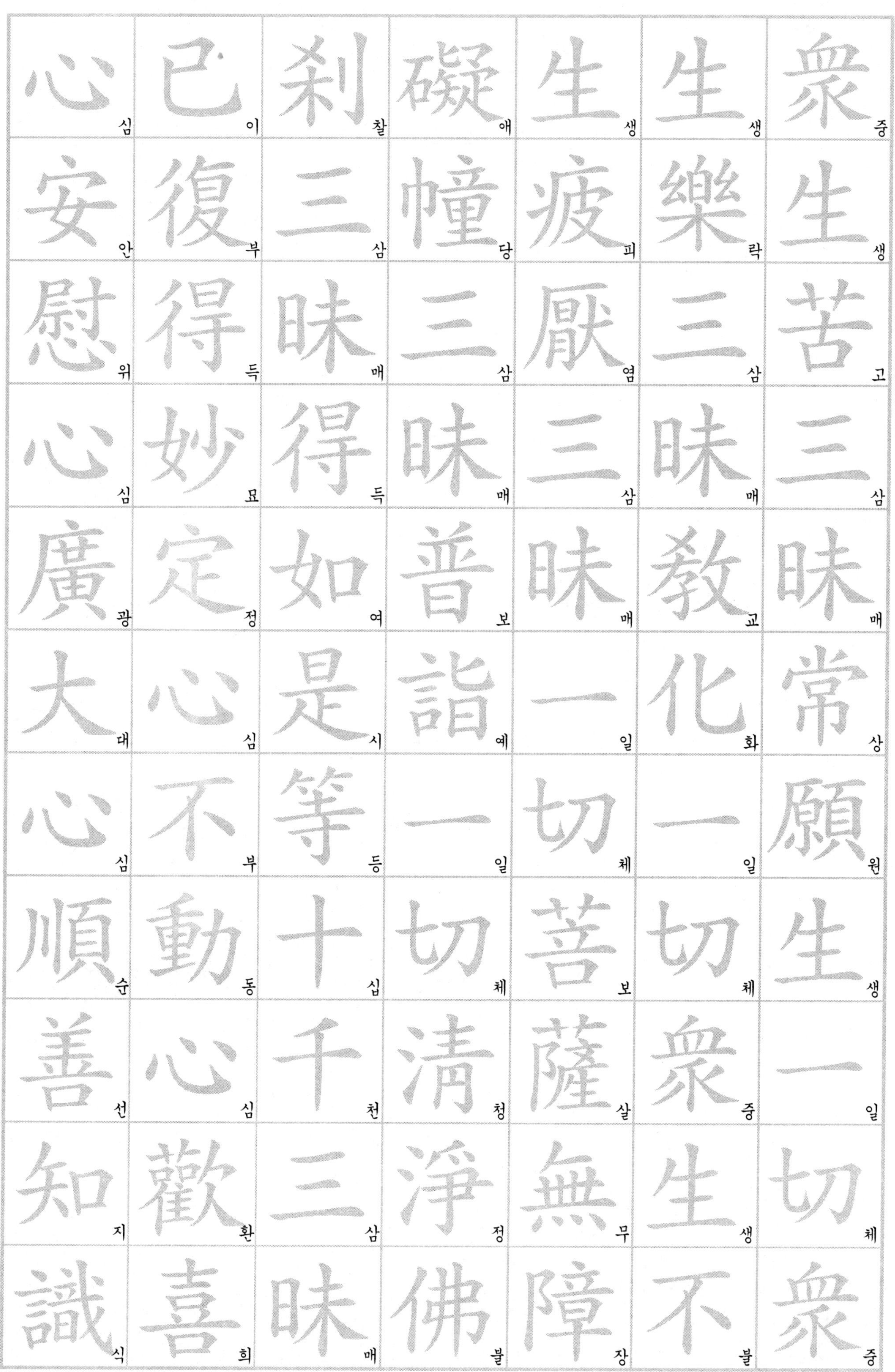
衆生苦三昧常願生一切衆
生樂三昧教化一切衆生不
生疲厭三昧一切菩薩無障
礙幢三昧普詣一切清淨佛
刹三昧得如是等十千三昧
已復得妙定心不動心歡喜
心安慰心廣大心順善知識

諸 제	心 심	無 무	來 래	不 부	方 방	心 심
法 법	無 무	惱 뇌	境 경	住 주	便 편	緣 연
自 자	退 퇴	害 해	界 계	一 일	海 해	甚 심
性 성	轉 전	心 심	心 심	切 체	心 심	深 심
心 심	心 심	無 무	普 보	世 세	捨 사	一 일
安 안	無 무	高 고	照 조	間 간	離 리	切 체
住 주	懈 해	倨 거	一 일	境 경	一 일	智 지
一 일	怠 태	心 심	切 체	界 계	切 체	心 심
切 체	心 심	無 무	色 색	心 심	執 집	住 주
法 법	思 사	疲 피	海 해	入 입	着 착	廣 광
門 문	惟 유	倦 권	心 심	如 여	心 심	大 대

海心觀察一切法門海心了
해심관찰일체법문해심요

知一切衆生海心救護一切
지일체중생해심구호일체

衆生海心普照一切世界海
중생해심보조일체세계해

心普生一切佛願海心悉破
심보생일체불원해심실파

一切障山心積集福德助道
일체장산심적집복덕조도

心現見諸佛十力心普照菩
심현견제불십력심보조보

薩境界心增長菩薩助道心
살경계심증장보살조도심

際 제	界 계	知 지	佛 불	刹 찰	普 보	徧 변
劫 겁	海 해	一 일	國 국	微 미	賢 현	緣 연
修 수	願 원	切 체	願 원	塵 진	大 대	一 일
菩 보	於 어	法 법	調 조	數 수	願 원	切 체
薩 살	一 일	界 계	伏 복	願 원	發 발	方 방
行 행	切 체	願 원	一 일	海 해	一 일	海 해
願 원	佛 불	普 보	切 체	願 원	切 체	心 심
盡 진	刹 찰	入 입	衆 중	嚴 엄	如 여	一 일
未 미	盡 진	一 일	生 생	淨 정	來 래	心 심
來 래	未 미	切 체	願 원	一 일	十 십	思 사
際 제	來 래	法 법	徧 변	切 체	佛 불	惟 유

劫不捨一切菩薩行願得親
겁불사일체보살행원득친

近一切如來願得承事一切
근일체여래원득승사일체

善友願得供養一切諸佛願
선우원득공양일체제불원

於念念中修菩薩行增一切
어념념중수보살행증일체

智無有間斷發如是等十佛
지무유간단발여시등십불

剎微塵數願海成就普賢所
찰미진수원해성취보현소

有大願時彼如來復爲其女
유대원시피여래부위기녀

妙 묘	日 일	於 어	心 심	開 개	根 근	開 개
相 상	輪 륜	此 차	趣 취	悟 오	所 소	示 시
此 차	光 광	前 전	向 향	成 성	修 수	演 연
妙 묘	摩 마	過 과	一 일	就 취	妙 묘	說 설
眼 안	尼 니	十 십	切 체	如 여	行 행	發 발
女 녀	佛 불	大 대	智 지	來 래	所 소	心 심
於 어	號 호	劫 겁	位 위	所 소	得 득	已 이
彼 피	因 인	有 유	善 선	有 유	大 대	來 래
如 여	陀 타	世 세	男 남	願 원	果 과	所 소
來 래	羅 라	界 계	子 자	海 해	令 령	集 집
遺 유	幢 당	名 명	復 부	一 일	其 기	善 선

法之中普賢菩薩勸其修補
법지중보현보살권기수보

蓮華座上故壞佛像旣修補
연화좌상고괴불상기수보

已而復彩畫旣彩畫已復寶
이이부채화기채화이부보

莊嚴發阿耨多羅三藐三菩
장엄발아뇩다라삼약삼보

提心善男子我念過去由普
리심선남자아념과거유보

賢菩薩善知識故種此善根
현보살선지식고종차선근

從是已來不墮惡趣常於一
종시이래불타악취상어일

華 화	何 하	我 아	乃 내	見 견	可 가	切 체
髻 계	爾 이	令 령	至 지	於 어	喜 희	天 천
轉 전	時 시	生 생	於 어	佛 불	衆 중	王 왕
輪 륜	毘 비	歡 환	今 금	常 상	相 상	人 인
聖 성	盧 로	喜 희	示 시	得 득	圓 원	王 왕
王 왕	遮 자	善 선	導 도	親 친	滿 만	種 종
者 자	那 나	男 남	開 개	近 근	令 령	族 족
豈 기	藏 장	子 자	悟 오	普 보	人 인	中 중
異 이	妙 묘	於 어	成 성	賢 현	樂 락	生 생
人 인	寶 보	意 의	熟 숙	菩 보	見 견	端 단
乎 호	蓮 연	云 운	於 어	薩 살	常 상	正 정

사경의 공덕은 십만억 부처님께 공양한 것과 같은 공덕이 있습니다.

今(금)彌(미)勒(륵)菩(보)薩(살)是(시)時(시)王(왕)妃(비)圓(원)滿(만)
面(면)者(자)寂(적)靜(정)音(음)海(해)夜(야)神(신)是(시)今(금)所(소)
住(주)處(처)去(거)此(차)不(불)遠(원)時(시)妙(묘)德(덕)眼(안)童(동)
女(녀)者(자)卽(즉)我(아)身(신)是(시)我(아)於(어)彼(피)時(시)身(신)
爲(위)童(동)女(녀)普(보)賢(현)菩(보)薩(살)勸(권)我(아)修(수)補(보)
蓮(연)華(화)座(좌)像(상)以(이)爲(위)無(무)上(상)菩(보)提(리)因(인)
緣(연)令(령)我(아)發(발)於(어)阿(아)耨(뇩)多(다)羅(라)三(삼)藐(먁)

사경의 공덕은 십만억 부처님께 공양한 것과 같은 공덕이 있습니다.

三菩提心我於彼時初始發
삼보리심아어피시초시발

心次復引導令我得見妙德
심차부인도령아득견묘덕

幢佛解身瓔珞散佛供養見
당불해신영락산불공양견

佛神力聞佛說法即得菩薩
불신력문불설법즉득보살

普現一切世間調伏衆生解
보현일체세간조복중생해

脫門於念念中見須彌山微
탈문어념념중견수미산미

塵數佛亦見彼佛道場衆會
진수불역견피불도장중회

恭 공	五 오	名 명	界 계	子 자	養 양	清 청
敬 경	百 백	寶 보	圓 원	過 과	聽 청	淨 정
供 공	佛 불	輪 륜	滿 만	彼 피	聞 문	國 국
養 양	於 어	妙 묘	清 청	毘 비	說 설	土 토
其 기	中 중	莊 장	淨 정	盧 로	法 법	我 아
最 최	出 출	嚴 엄	劫 겁	遮 자	依 의	皆 개
初 초	現 현	劫 겁	已 이	那 나	敎 교	尊 존
佛 불	我 아	名 명	次 차	大 대	修 수	重 중
名 명	皆 개	大 대	有 유	威 위	行 행	恭 공
大 대	承 승	光 광	世 세	德 덕	善 선	敬 경
悲 비	事 사	有 유	界 계	世 세	男 남	供 공

幢初出家時我爲夜神恭敬
당초출가시아위야신공경

供養次有佛出名金剛那羅
공양차유불출명금강나라

延幢我爲轉輪王恭敬供養
연당아위전륜왕공경공양

其佛爲我說修多羅名一切
기불위아설수다라명일체

佛出現十佛刹微塵數修多
불출현십불찰미진수수다

羅而爲眷屬佛次有佛出名金
라이위권속불차유불출명금

剛無礙德我於彼時爲轉輪
강무애덕아어피시위전륜

사경의 공덕은 십만억 부처님께 공양한 것과 같은 공덕이 있습니다.

普 보	者 자	焰 염	屬 속	彌 미	多 다	王 왕
照 조	女 여	山 산	我 아	山 산	羅 라	恭 공
三 삼	其 기	妙 묘	皆 개	微 미	名 명	敬 경
世 세	佛 불	莊 장	受 수	塵 진	普 보	供 공
藏	爲 위	嚴 엄	持 지	數 수	照 조	養 양
閻 염	我 아	我 아	次 차	修 수	一 일	其 기
浮 부	說 설	於 어	有 유	多 다	切 체	佛 불
提 제	修 수	彼 피	佛 불	羅 라	衆 중	爲 위
微 미	多 다	時 시	出 출	而 이	生 생	我 아
塵 진	羅 라	爲 위	名 명	爲 위	根 근	說 설
數 수	名 명	長 장	火 화	眷 권	須 수	修 수

修(수)多(다)羅(라)而(이)爲(위)眷(권)屬(속)我(아)皆(개)聽(청)聞(문)
如(여)法(법)受(수)持(지)次(차)有(유)佛(불)出(출)名(명)一(일)切(체)
法(법)海(해)高(고)勝(승)王(왕)我(아)爲(위)阿(아)脩(수)羅(라)王(왕)
恭(공)敬(경)供(공)養(양)其(기)佛(불)爲(위)我(아)說(설)修(수)多(다)
羅(라)名(명)分(분)別(별)一(일)切(체)法(법)界(계)五(오)百(백)修(수)
多(다)羅(라)而(이)爲(위)眷(권)屬(속)我(아)皆(개)聽(청)聞(문)如(여)
法(법)受(수)持(지)次(차)有(유)佛(불)出(출)名(명)海(해)嶽(악)法(법)

華 화	寶 보	聽 청	萬 만	說 설	尼 니	光 광
雲 운	焰 염	聞 문	億 억	修 수	寶 보	明 명
恭 공	山 산	如 여	修 수	多 다	雲 운	我 아
敬 경	燈 등	法 법	多 다	羅 라	而 이	爲 위
供 공	我 아	受 수	羅 라	名 명	爲 위	龍 용
養 양	爲 위	持 지	而 이	增 증	供 공	王 왕
其 기	海 해	次 차	爲 위	長 장	養 양	女 녀
佛 불	神 신	有 유	眷 권	歡 환	其 기	雨 우
爲 위	雨 우	佛 불	屬 속	喜 희	佛 불	如 여
我 아	寶 보	出 출	我 아	海 해	爲 위	意 의
說 설	蓮 연	名 명	皆 개	百 백	我 아	摩 마

사경의 공덕은 십만억 부처님께 공양한 것과 같은 공덕이 있습니다.

修多羅名法界方便海光明
수다라명법계방편해광명

佛刹微塵數修多羅而爲眷
불찰미진수수다라이위권

屬我皆聽聞如法受持次有
속아개청문여법수지차유

佛出名功德楷光明輪我於
불출명공덕해광명륜아어

彼時爲五通仙現大神通六
피시위오통선현대신통육

萬諸仙前後圍遶雨香華雲
만제선전후위요우향화운

而爲供養其佛爲我說修多
이위공양기불위아설수다

사경의 공덕은 십만억 부처님께 공양한 것과 같은 공덕이 있습니다.

切 체	雨 우	出 출	德 덕	得 득	而 이	羅 라
寶 보	一 일	生 생	藏 장	次 차	爲 위	名 명
瓔 영	切 체	平 평	我 아	有 유	眷 권	無 무
珞 락	寶 보	等 등	於 어	佛 불	屬 속	着 착
雲 운	樹 수	義 의	彼 피	出 출	我 아	法 법
而 이	一 일	與 여	時 시	名 명	皆 개	燈 등
爲 위	切 체	無 무	爲 위	毘 비	聽 청	六 육
供 공	摩 마	量 량	主 주	盧 로	聞 문	萬 만
養 양	尼 니	地 지	地 지	遮 자	如 여	修 수
其 기	藏 장	神 신	神 신	那 나	法 법	多 다
佛 불	一 일	俱 구	名 명	功 공	受 수	羅 라

사경의 공덕은 십만억 부처님께 공양한 것과 같은 공덕이 있습니다.

舞 무	妓 기	充 충	男 남	眷 권	如 여	爲 위
供 공	女 녀	滿 만	子 자	屬 속	來 래	我 아
養 양	名 명	虛 허	如 여	我 아	智 지	說 설
承 승	曰 왈	空 공	是 시	皆 개	藏 장	修 수
佛 불	美 미	法 법	次 차	聽 청	無 무	多 다
神 신	顏 안	界 계	第 제	聞 문	量 량	羅 라
力 력	見 견	妙 묘	其 기	受 수	修 수	名 명
踊 용	佛 불	德 덕	最 최	持 지	多 다	出 출
在 재	入 입	燈 등	後 후	不 불	羅 라	生 생
空 공	城 성	我 아	佛 불	忘 망	而 이	一 일
中 중	歌 가	爲 위	名 명	善 선	爲 위	切 체

於 어	等 등	藏	得 득	光 광	我 아	以 이
中 중	佛 불	善 선	解 해	明 명	放 방	千 천
出 출	刹 찰	男 남	脫 탈	徧 편	眉 미	偈 게
現 현	微 미	子 자	門 문	觸 촉	間 간	頌 송
我 아	塵 진	此 차	名 명	我 아	光 광	讚 찬
皆 개	數 수	世 세	法 법	身 신	名 명	歎 탄
承 승	劫 겁	界 계	界 계	我 아	莊 장	於 어
事 사	一 일	中 중	方 방	蒙 몽	嚴 엄	佛 불
恭 공	切 체	有 유	便 편	光 광	法 법	佛 불
敬 경	如 여	如 여	不 불	已 이	界 계	爲 위
供 공	來 래	是 시	退 퇴	卽 즉	大 대	於 어

사경의 공덕은 십만억 부처님께 공양한 것과 같은 공덕이 있습니다.

入 입	一 일	利 이	一 일	彼 피	憶 억	養 양
一 일	切 체	益 익	切 체	一 일	念 념	彼 피
切 체	智 지	於 어	佛 불	一 일	乃 내	諸 제
普 보	光 광	彼 피	法 법	諸 제	至 지	如 여
賢 현	明 명	一 일	爲 위	如 여	不 불	來 래
行 행	現 현	一 일	無 무	來 래	忘 망	所 소
善 선	三 삼	諸 제	量 량	所 소	一 일	說 설
男 남	世 세	如 여	衆 중	稱 칭	文 문	正 정
子 자	法 법	來 래	生 생	揚 양	一 일	法 법
我 아	界 계	所 소	廣 광	讚 찬	句 구	我 아
依 의	海 해	得 득	作 작	歎 탄	於 어	皆 개

一切智光明故於念念中見
無量佛既見佛已先所未得
先所未見普賢諸行悉得成
滿何以故以得一切智光明
故爾時普救衆生夜神欲重
明此解脫義承佛神力爲善
財童子而說頌言

善財聽我說 (선재청아설)
普照於三世 (보조어삼세)
如我初發心 (여아초발심)
所入諸解脫 (소입제해탈)
我念過去世 (아념과거세)
次前有一劫 (차전유일겁)
是時有世界 (시시유세계)

甚深難見法 (심심난견법)
一切差別門 (일체차별문)
專求佛功德 (전구불공덕)
汝今應諦聽 (여금응제청)
過剎微塵劫 (과찰미진겁)
名圓滿清淨 (명원만청정)
名爲徧照燈 (명위편조등)

須彌塵數佛 수미진수불
初佛名智焰 초불명지염
第三法須彌 제삼법수미
第五寂靜王 제오적정왕
第七高名稱 제칠고명칭
第九勝日 제구승일
於此十佛所 어차십불소

於中出興世 어중출흥세
次佛名法幢 차불명법당
第四德師子 제사덕사자
第六滅諸見 제육멸제견
第八大功德 제팔대공덕
第十名月面 제십명월면
最初悟法門 최초오법문

從此後次第
初名虛空處
三名住諸方
五名高勝光
七名法焰佛
九名大悲華
此十出現時

復有十佛出
第二名普光
四名正念海
六名須彌雲
八名山勝佛
十名法界華
第二悟法門

사경의 공덕은 십만억 부처님께 공양한 것과 같은 공덕이 있습니다.

於 어	第 제	第 제	第 제	第 제	第 제	從 종
此 차	九 구	七 칠	五 오	三 삼	一 일	此 차
十 십	勇 용	勝 승	天 천	心 심	光 광	後 후
佛 불	猛 맹	智 지	慧 혜	義 의	幢 당	次 차
所 소	佛 불	佛 불	佛 불	佛 불	佛 불	第 제

第 제	第 제	第 제	第 제	第 제	第 제	復 부
三 삼	十 십	八 팔	六 육	四 사	二 이	有 유
悟 오	蓮 연	光 광	慧 혜	德 덕	智 지	十 십
法 법	華 화	王 왕	王 왕	主 주	慧 혜	佛 불
門 문	佛 불	佛 불	佛 불	佛 불	佛 불	出 출

從 종	第 제	七 칠	第 제	第 제	第 제	從 종
此 차	九 구	須 수	五 오	三 삼	一 일	此 차
後 후	摩 마	彌 미	衆 중	法 법	寶 보	後 후
次 차	尼 니	功 공	生 생	光 광	焰 염	次 차
第 제	藏 장	德 덕	眼 안	明 명	山 산	第 제

復 부	第 제	八 팔	第 제	第 제	第 제	復 부
有 유	十 십	乾 건	六 육	四 사	二 이	有 유
十 십	寂 적	闥 달	香 향	蓮 연	功 공	十 십
佛 불	靜 정	婆 바	光 광	華 화	德 덕	佛 불
出 출	色 색	王 왕	寶 보	藏 장	海 해	出 출

初佛廣大智 (초불광대지)
第三虛空雲 (제삼허공운)
第五圓滿戒 (제오원만계)
第七須彌德 (제칠수미덕)
第九無勝幢 (제구무승당)
從此後次第 (종차후차제)
第一娑羅藏 (제일사라장)

次佛寶光明 (차불보광명)
第四殊勝相 (제사수승상)
第六那羅延 (제육나라연)
第八功德輪 (제팔공덕륜)
第十大樹山 (제십대수산)
復有十佛出 (부유십불출)
第二世主身 (제이세주신)

사경의 공덕은 십만억 부처님께 공양한 것과 같은 공덕이 있습니다.

第三高顯光 제삼고현광
第五地威力 제오지위력
第七法慧音 제칠법혜음
第九勝光明 제구승광명
從此後次第 종차후차제
第一梵光明 제일범광명
第三法界身 제삼법계신

第四金剛照 제사금강조
第六甚深法 제육심심법
第八須彌幢 제팔수미당
第十妙寶光 제십묘보광
復有十佛出 부유십불출
第二虛空音 제이허공음
第四光明輪 제사광명륜

第五智慧幢 (제오지혜당)
第七微妙德 (제칠미묘덕)
第九勝福光 (제구승복광)
從此後次第 (종차후차제)
第一力光慧 (제일력광혜)
第三高顯光 (제삼고현광)
第五法起佛 (제오법기불)

第六虛空燈 (제육허공등)
第八徧照光 (제팔변조광)
第十大悲雲 (제십대비운)
復有十佛出 (부유십불출)
第二普現前 (제이보현전)
第四光明身 (제사광명신)
第六寶相佛 (제육보상불)

第七速疾風 (제칠속질풍)
第九妙寶蓋 (제구묘보개)
從此後次第 (종차후차제)
第一願海光 (제일원해광)
第三須彌德 (제삼수미덕)
第五功德慧 (제오공덕혜)
第七光明幢 (제칠광명당)

第八勇猛幢 (제팔용맹당)
第十照三世 (제십조삼세)
復有十佛出 (부유십불출)
第二金剛身 (제이금강신)
第四念幢王 (제사념당왕)
第六智慧燈 (제육지혜등)
第八廣大智 (제팔광대지)

九 구	七 칠	五 오	三 삼	初 초	從 종	第 제
名 명	名 명	名 명	名 명	名 명	此 차	九 구
無 무	世 세	寂 적	勝 승	布 포	後 후	法 법
勝 승	間 간	靜 정	妙 묘	施 시	次 차	界 계
幢 당	燈 등	音 음	雲 운	法 법	第 제	智 지

十 십	八 팔	六 육	四 사	次 차	復 부	第 제
名 명	名 명	名 명	名 명	名 명	有 유	十 십
智 지	深 심	寂 적	忍 인	功 공	十 십	法 법
焰 염	大 대	靜 정	智 지	德 덕	佛 불	海 해
海 해	願 원	幢 당	燈 등	輪 륜	出 출	智 지

從此後次第 (종차후차제)
初佛法自在 (초불법자재)
三名意海慧 (삼명의해혜)
五名自在施 (오명자재시)
七名隨樂身 (칠명수락신)
九名本性佛 (구명본성불)
須彌塵數劫 (수미진수겁)

復有十佛出 (부유십불출)
二佛無礙慧 (이불무애혜)
四名衆妙音 (사명중묘음)
六名普現前 (육명보현전)
八名住勝德 (팔명주승덕)
第十賢德佛 (제십현덕불)
此中所有佛 (차중소유불)

普作世間燈 我悉曾供養
佛刹微塵劫 所有佛出現
我皆曾供養 入此解脫門
我於無量劫 修行得此道
汝若能修行 不久亦當得
善男子 我唯知此菩薩普
現一切世間調伏衆生解脫

如諸菩薩摩訶薩集無邊行
여제보살마하살집무변행

生種種解現種種身具種種
생종종해현종종신구종종

根滿種種願入種種三昧起
근만종종원입종종삼매기

種種神變能種種觀察法入
종종신변능종종관찰법입

種種智慧門得種種法光明
종종지혜문득종종법광명

而我云何能知能說彼功德
이아운하능지능설피공덕

行善男子去此不遠有主夜
행선남자거차불원유주야

神名寂靜音海坐摩尼光幢
신명적정음해좌마니광당

莊嚴蓮華座百萬阿僧祇主
장엄연화좌백만아승기주

夜神前後圍遶汝詣彼問菩
야신전후위요여예피문보

薩云何學菩薩行修菩薩道
살운하학보살행수보살도

時善財童子頂禮其足遶無
시선재동자정례기족요무

量匝般勤瞻仰辭退而去
량잡은근첨앙사퇴이거

사경의 공덕은 십만억 부처님께 공양한 것과 같은 공덕이 있습니다.

發 願 文

귀의 삼보하옵고
거룩하신 부처님께 발원하옵나이다.

주　소 : ________________________

전　화 : ____________ 불 명 : ______ 성 명 : ______

불기 25 ______ 년 ______ 월 ______ 일